MON AME M'A PARLE

Æyana

MON AME M'A PARLE

QUAND LE SILENCE A DECIDE D'HURLER

© 2024 Æyana

Édition : BoD – Books on Demand, info@bod.fr
Impression : BoD – Books on Demand, In de Tarpen
42, Norderstedt (Allemagne)

Impression à la demande

ISBN : 978-2-3225-3783-9

Dépôt légal : Juillet 2024

When it feels dishearting to learn that trauma changes the brain, remember that healing changes the brain too.

Rosana Jones

Sommaire

Avertissement

Cher lecteur et chère lectrice, si vous vous êtes tournés vers ce livre, il est probable que vous portiez en vous des parts de vous-mêmes en souffrance. Celles-ci cherchent peut-être à vouloir être entendues, écoutées et comprises dans leurs douleurs. Et c'est alors que plonger dans ce recueil de poèmes pourrait vous guider et vous accompagner à poser des mots sur vos maux, même ceux les plus sombres de vos rivages psychiques.

Ainsi, en vous partageant une partie de mon histoire au travers de ces textes, j'ose espérer pouvoir contribuer dans la quête de vous-mêmes et dans l'exploration de votre intériorité. C'est donc dans ce point de rencontre que je vous invite, à votre rythme, à côtoyer votre profondeur de l'âme et venir entendre et regarder ce qui hurle et ceci, quand bien même nous préférons parfois étouffer ces cris indicibles.

Cela étant dit, il se peut alors que vous ayez été confrontés à des évènements sensibles, et, ou bien que vous soyez vous-mêmes une personne sensible (tout comme moi) et c'est à cet égard que je vous invite à prendre soin de vous lors de la lecture de ces vers et de ces proses.

En effet, soyez conscients que ces textes peuvent contenir des thèmes sensibles et peuvent potentiellement amener à revivre des émotions désagréables, voir des reviviscences traumatiques. Si tel est le cas, prenez une pause et n'hésitez pas à consulter un professionnel de la santé.

Je vous souhaite une belle lecture, et peut-être même, une belle rencontre vous-mêmes.

Æyana.

Avants-Propos

Parfois, le vide revient. Ce vide qui, autrefois, me terrassait de peur. Cette peur de la mort. Plus précisément, la mort psychique. Cette mort psychique, elle se crée lorsque l'âme est confrontée à des choses horrifiques. Ces choses qui reviennent en images, détruisant tout sur leurs passages. Elles apportent un désordre interne sans précédent : où suis-je, le passé, le présent ? Je me revois devant ces choses, apeurée, tétanisée, comme si elles pouvaient, rien qu'en déposant mon regard sur elles, en instant, me tuer.

La peur grandit en moi. Cette peur de perdre la vie si je reste devant ces choses plus longtemps. Elles me font, à petit feu, dépérir, me laissant-là, sur les rivages de mes ombres, suffocant. Dans cet intérieur, je sombre dans le sang de la terreur. Ça me noie. Plus rien ne me contient si ce n'est le sang de la mort psychique. Des échos raisonnent en moi. La violence de la vie se déchaine en douleurs indicibles. L'envie de disparaître me saisit. Cette souffrance inéluctable, il faut la fuir, à tout prix. Cette extrême misère émotionnelle, sans fin, me poursuit. C'était la survie par-dessus la vie.

Cet enfant dépecé de joie, celui qui s'était construit dans l'abîme souffrance, endolori. Celui qui m'habitait autrefois, je le vois, je le sens, là, tout proche. Conspiration du silence par les secrets qu'il devait garder : ses mutilations de l'âme et ses miracles destructeurs qui l'ont maintenu hors de la mort, dans l'esseulement, il finit par me les partager. Cet enfant fatigué, ne sait habiter la vie que par le désespoir et le suicide. Rien ne semble le réparer. Cet enfant inconsolable, tient la mort dans l'âme.

Pourtant, certaines de ces choses ne pourront jamais être prononcées. Alors, l'enfant, dans la violence, se complaît et pour survivre, se tait. Ces mots pour décrire l'innommable, pour décrire cet horrifique ne se pensent pas, ne s'écrivent pas, ne se parlent pas. Non, l'enfant les tient, chevillé à la survie, il ne dira rien. Cet enfant, il est là, toujours. Il me suit et me ramène à sa réalité. Par moi, il tente alors d'exister, de se découvrir au-delà de son abri psychique abîmé, encombré, fracassé. Mais il tient seul, toujours. L'enfant dans moi, celui qui hurle en silence « j'existe ».

Ce recueil est destiné à cet enfant en moi, à celui qui n'a jamais pu crier.

Traumas

mon âme m'a parlé,

quand le silence a décidé d'*hurler*,

ces secrets cachés,

cet innommable que mon psychisme ne pouvait crier.

une main sur ma bouche,

l'autre main sur l'intime,

ça y'est,

la règle du roi du silence,

est brisé.

pourtant,

il y a encore des ombres,

dans ma tête,

qui me murmurent de me taire.

parfois,

je crois,

qu'ils ont réussi,

à faire de moi,

le monstre,

qu'ils voulaient construire.

j'ai regardé mes blessures, mes traumas

avec honte et désarroi,

j'ai regardé mes cicatrices, mes éclats,

que je ne voulais pas avoir en moi,

pourtant mon âme m'a chuchoté tout bas,

que je pouvais me réinventer avec tout ça.

les enfants traumatisés,

ont des histoires à raconter,

quand ils ne sont pas **esseulés**.

chère amnésie,

merci,

de m'avoir protégé,

de ce que mon corps a voulu oublier.

si je laisse l'enfant traumatisé en moi pleurer,

j'ai bien peur qu'il ne s'arrête jamais.

les **traumas,**

ont arraché,

la vie en moi.

il y'a des traumas,

que je ne pourrais jamais raconter,

parce que,

qui les croirait ?

mais petite fille,

moi,

je te crois,

ne t'en fais pas,

je suis là.

l'amnésie m'aura protégé, des mystères,

les plus sombres, de mon être,

des actes des plus terribles sur terre.

certains jours, dans la rue, je m'évade,

me demandant si les âmes que je croise,

sont-elles aussi marquées par des drames ;

ont-elles connu les mêmes effrois que moi ?

songent-elles tout autant à leurs traumas ?

nous liant, me faisant sentir moins seule dans mes émois.

parfois,

je ne sais pas,

si c'est juste un souvenir,

ou un cauchemar.

je suis traumatisé,

alors, bien sûr que je passe du temps

à trouver des distractions,

pour m'évader.

droit dans les yeux,

ils ont regardé,

mon visage d'enfant apeuré,

en me disant que ça allait me faire du bien,

mais je crois qu'ils se sont trompés,

c'est **eux** ;

qui en ont profité.

j'ai des traumas, qui sont là,

qui ne se voient pas,

mais qui font très mal.

mon corps ne porte pas de blessures,

mais,

des

t

r

o

u

s.

des trous qui ne se refermeront pas,

qui resteront à jamais en moi.

j'ai connu la mort psychique,

qui se créée quand le corps vit trop de choses
horrifiques.

autrefois,

quand mon âme se déchirait,

les larmes coulaient,

la lame tranchait,

et sur mon corps,

j'ai alors,

tracé des cicatrices,

dans l'espoir d'apaiser mes supplices,

puis, j'ai mis du temps à les regarder de nouveau,

en pensant qu'elles n'étaient qu'un fardeau,

mais aujourd'hui, je les contemple

comme les témoins de ma résilience.

les traumas,

ont fait construire en moi,

des soldats.

je suis sondée

par l'impression,

que le trauma,

m'habitera **à tout jamais.**

en ordonnant de me taire, ils ont enchaîné ma liberté

faisant de mon oiseau intérieur qu'un prisonnier.

et je finis par,

crier,

hurler,

dégueuler,

le silence de ces secrets.

Mon âme m'a parlé

trauma.

Mon âme m'a parlé

survie.

quand les yeux voient trop d'horreurs,

le psychisme finit par croire,

que tout ça n'est qu'illusoire,

et ces terreurs,

le corps fini par oublier,

comme si elles n'avaient jamais existé.

Souffrance

je porte dans mon cœur,

des **douleurs,**

des **souvenirs,**

que mon psychisme n'a su guérir.

j'ai dû bâtir des remparts de protection,

entre moi et mes émotions,

juste pour avoir moins mal de mes tourments.

un jour,

les larmes étaient tellement lourdes,

qu'elles m'ont laissé des **trous**.

avant même d'avoir trouvé la
lumière,

j'ai appris à danser avec les
ténèbres.

j'ai côtoyé les méandres de mon être,

là où se trouve une ébullition d'émotions,

où dans mes yeux floués, elles reflètent,

cette histoire **secrète**.

j'ai navigué dans les abîmes,

dans l'âme et ses vestiges,

j'y ai trouvé le réconfort

et j'y ai bâti mon château fort.

j'ai grandi,

dans des champs de bataille,

où j'y ai construit des *boucliers*,

où j'y ai bâti des guerriers,

pour qu'ils puissent me protéger,

à tout jamais.

j'ai livré des batailles secrètes,

silencées dans la pénombre,

esseulés dans mes quêtes,

à la recherche de mes ombres.

tête à tête avec mes démons intérieurs,

pour affronter, là où règnent mes peurs.

j'ai interrogé,

mon âme, enchaînée,

quelle douleur l'avait amené à s'armer,

elle m'a montré,

le diable, l'enchaînant d'une prison dorée.

j'ai mal, dans mon cœur,

à force de crier mes peurs,

il se tord dans une terrible torpeur.

le silence peint mes blessures en hurlements,

dans l'espérance de guérir mes tourments,

faisant couler inlassablement des larmes,

pensant que ça réveillerait en moi un courage,

d'affronter toutes mes souffrances, toutes mes peines

comme si hurler, allait rendre cette douleur vaine.

j'ai voyagé dans les ruines de mon âme,

côtoyé la douleur des abîmes,

éprouvé la souffrance ineffable.

la violence peut,

marquer à l'indélébile,

des traces *invisibles*.

mon cœur me hurle ses peurs,

il veut se fermer, à jamais,

pour ne plus avoir affaire à la douleur.

mes yeux saignent des torpeurs,

ils veulent se fermer, à jamais

pour ne plus avoir affaire à l'horreur.

la souffrance m'a fait couler des larmes,

qui m'ont lacéré,

qui m'ont fait construire des *armes*,

pour tuer ce qui m'a abîmé.

la douleur a creusé des trous en moi,

j'ai été déchirée, perforée parfois,

des trous si profonds que le sang s'est pétrifié,

rien n'a coulé, devenu un roc de douleur figé dans l'obscurité.

ce corps a mal,

troué de **crevasses,**

il tente d'effacer l'abominable.

cet éternel retour au même point de convergence,

ce vide, cette désespérance,

comme si mon être menait une perpétuelle vengeance.

à force de souffrir,

j'ai appris,

la tolérance à la douleur.

dit la vie,

pourquoi **moi** ?

Insécurité

comment je me sens,

à l'intérieur ?

je crois que,

j'ai peur.

quand j'ai peur,

je cherche en moi,

mes petits soldats,

pour réconforter mon cœur.

après avoir été meurtri,

il s'agit,

à tout prix,

de rester en vie.

même protégé,

à la lisière du monde extérieur, de la réalité,

des parties de moi se dissèquent,

rempli d'une terrible *insécurité*,

semblable à une violation de l'être.

je songe, souvent, parfois, à comment,

intégrer la violence de l'âme et ses tourments,

à comment me sauver, là maintenant.

parfois, souvent, je négocie avec mon esprit,

pour le convaincre, qu'il est en sécurité, à l'abri.

j'ai l'impression d'avoir en moi, un vide béant,

qui malgré la sécurité, ne serait être comblé pourtant,

autrement, que par la peur, le désespoir et ses échos,

là où hurleront à jamais mes maux.

être *libéré*,

de cette permanente insécurité,

que toute ma vie durant,

j'ai subi inlassablement.

Esseulement

mes traumas, m'auront appris,

que même dans l'interminable agonie,

les cris et les échos se confondent,

et que rien, n'effacera jamais la surdité du monde.

parce que souffrir, ne m'a pas rendu plus entendu,

non, même dans les cris, l'esseulement fût.

cette solitude, un jour, j'en ai eu marre

et à cet instant, cette en chose en moi à décidé d'hurler,

c'était mon âme.

pour hurler, il faut rompre le
silence,

cette conspiration qui me
ronge,

pour me libérer de la solitude
et de mes ombres.

j'ai des mots de douleurs qui se sont perdus,

égarés dans le vide, dans l'oubli des cachots déchus,

lorsque j'avais l'espérance que parler, serait un salut.

l'interminable attente d'espérer être sauvée,

mais ça y'est, je ne veux plus attendre l'inespéré.

et c'est dans ce silence, que cet enfant
traumatisé,

a vaincu l'inexpérience du sens de l'amour, de
la sécurité,

où il a vécu, l'attente stérile d'un éveil à la vie,
à la sérénité ;

esseulé, il comprend qu'il n'a plus rien à
attendre, à espérer,

il se meurt alors dans l'effacement de soi
absolu,

et finir par se réjouir de ne plus avoir à
marcher à côté de ce silence plus meurtrier que
tout.

Vide

parfois, j'essaie de
combler ce vide,

d'être dans ce
néant, mon propre
guide,

naviguant dans cet
interminable
chaos,

là où tout ne
devient qu'un seul
échos.

je me suis senti vide, égaré, désemparé de mon essence.

alors, je me suis accroché à la seule chose qui me restait : la souffrance.

j'écris mes blessures en mots,

comme si, ça allait apaiser mes maux,

comme si, ça allait soigner un vide,

que seul l'encre noire saurait décrire,

faisant scintiller en moi cette lueur,

transformant ma souffrance en *fleurs*.

ce vide destructeur,

je sais, comment le faire taire,

mais, je ne le ferai jamais.

j'ai tenté, ce vide, de le combler,

mainte et mainte fois,

par des passions, des activités,

de la surproductivité,

mais rien ne l'a jamais effacé.

Écrire

(ou mourir)

je suis en train d'écrire un recueil qui vient faire saigner
des rocs de douleurs qui s'étaient pétrifiés dans l'écueil.

je saigne les mots, je ne m'arrête plus,

ça crie fort, ça crie comme si je pouvais

être enfin, entendue.

j'ai l'impression que je ne pourrais
jamais m'arrêter d'écrire, car mon âme
a bien trop à me dire.

l'écriture est une porte ouverte sur mon âme,

révélant alors même mes vérités les plus infâmes.

je n'ai pas envie,

d'arrêter d'écrire ce recueil,

j'ai encore tant de maux en écueil,

qui veulent se guérir.

écrire ou mourir.

écrire et guérir.

je lis des poèmes,

parce qu'ils savent mettre des émotions,

là où, je ne sais pas le faire moi-même,

et ça en est devenu ma passion.

j'écris tout ce que je n'ai jamais pu crier,

j'écris tout ce que personne n'a jamais su écouter.

mais parfois, je n'ai pas les mots,

alors, mes pensées éparpillées dansent en flot,

laissant aux oubliettes l'imprononçable,

certainement car la douleur pour le dire est intenable.

je saigne dans l'écriture,

pour mettre de la couleur,

sur des choses qui n'en n'ont pas.

il y a des choses,

qui ne peuvent pas se dire,

quand bien même, ça crie fort en nous.

comme un loup, je trouve refuge dans la nuit,

comme un loup, je rugis la nuit,

comme un loup, je veille sur ma meute jour et nuit.

les maux saignent mon âme,

et,

mon âme saigne les mots.

l'écriture a toujours été ce compagnon en or,

c'est celui qui en moi, a fait éclore,

une lueur sacrée,

même dans mon âme pourtant si ravagée.

Lumière

c'est dans les profondeurs de l'être,

que, la **force cachée**, j'ai découvert.

j'aime contempler la nuit étoilée,

comme si chaque lueur,

venaient illuminer mon cœur,

et ses parts d'ombres cachées.

dans mes tourbillons de pensées,

je voyage entre mes ombres et mes peurs,

prête à les faire danser,

pour les libérer de leurs horreurs.

de temps en temps, j'essaie d'écouter en moi le terrible,

comme si, c'était le remède, la clé, à ce qui me ferait

revivre.

consoler l'effroi,

par des mots d'émois.

je ne sais pas pourquoi,

mais sommeille en moi,

une **rage morbide**,

qui ne m'arrêtera jamais,

de me relever.

pour me protéger,

je me suis enfermée,

dans un rempart psychique,

où, comme une reine,

je règne sur mon royaume.

je pensais que,

le temps allait guérir,

mon être abîmé.

dans moi, réside une lumière

qui a voulu briser des frontières,

pour explorer les rivages de mon être,

et les secrets qu'il ne veut pas connaître.

avec mon âme, j'ai prêté serment,

pour qu'elle révèle ses sentiments,

qu'elle se sente écoutée, libérée,

des douleurs qui l'ont trop longtemps effacée,

demandant à l'écriture d'en décrire son essence,

là où l'âme a su retrouver sa pleine présence.

il faut être assez souffrant pour
aller chercher,

ce qui manque, ce qui fait
trembler,

et guérir des blessures, pour se
relever.

tel un oiseau, je veux voler,

prendre ma liberté,

me libérer de ces peines, de ces plaies,

et m'autoriser, à ressentir la paix.

parfois, je rêve,

d'être un peu plus, légère.

d'abandonner ce fardeau,

qui dans mon cœur, me pèse.

jamais, je ne cesserai, de chercher,

en moi, cette lueur *sacrée*.

mon âme a enduré des épreuves, où les brisures de ses batailles auront fini par construire une forteresse de résilience,

mon cœur a enduré des douleurs, où les chaînes de son malheur auront fini par faire forger des ruines de la renaissance.

en moi, un **phœnix**, demeure,

prêt à brûler, à encaisser n'importe quelle douleur.

Remerciements

Je remercie mon âme de m'avoir portée vers les rivages psychiques que je devais éclairer. Cet hurlement m'aura permis d'entamer une rencontre honnête et sincère avec moi-même. Aujourd'hui, je sais que je peux entendre et écouter ce qui souffre dans mon intériorité pour m'accompagner au mieux, vers un chemin plus apaisé.

Je remercie ma famille de toujours m'avoir soutenu, épaulée et encouragée dans tous mes projets, même les plus imprévisibles, tels que ce livre.

Je remercie mes amis, fidèles à mes côtés, ces compagnons en or que je chérirai à jamais ; Ils m'auront apporté le soutien et les conseils dont j'avais besoin.

Je remercie, enfin, mes lecteurs, ceux à qui j'espère avoir pu réussir à laisser des mots sur leurs maux.

Prenez soin de vous,

Æyana.

Contacts

E-mail : flora.jouet@outlook.com

Site : https://florajouet.carrd.co

Instagram : @atypik_me